AF236560

Journalismus in der digitalen Verbreitung

Teil II

Marion Wolters

20 Artikel digital erschienen in den Rubriken Wirtschaft, Karriere, Wissenschaft und Psychologie von 2020-2022 für Deutscher Verband der Pressejournalisten

WIRTSCHAFT

FSC
www.fsc.org
MIX
Papier aus ver-
antwortungsvollen
Quellen
Paper from
responsible sources
FSC® C105338

© 2022, Marion Wolters

Herstellung und Verlag: BoD – Books on
Demand, Norderstedt
ISBN: 9783756879649

Sprachstudien

Inwieweit ist Ihre Sprache im beruflichen Bereich lebendig, konzentriert, kreativ, präzise, spielerisch? Wie unterscheidet sie sich von Ihrer Sprache im privaten Umfeld? Ist sie auf ähnliche oder andere Weise attraktiv? Besteht ein eklatantes Ungleichgewicht zwischen diesen Lebensbereichen und gilt es, dies zu ändern? Eine aufmerksame Sprache kann alle Türen öffnen: "Kindness in an attentive way appears to be a light of ray." (aus "Tiaré? Entrez!")

Doch vielleicht möchten Sie diese Türen aus unterschiedlichen Gründen nicht öffnen. Institutionen ändern die Sprache ihres Internetauftritts. Die jeweilige Beziehungssprache, die sich mit den Lesenden entwickelt, ändert sich dadurch. Wirtschaftlicher Erfolg wurde nachgewiesen. Auch wurde z.B. eine Stellenanzeige sprachlich überprüft und verbessert um sicherzustellen, dass sich die für den Job am besten Geeigneten angesprochen fühlen. Wie eine Studie zeigt, stieg auch die Quantität der Rückmeldungen um 30 Prozent. Von befreundeten Musikern als Teil des Publikums in ein Tonstudio eingeladen zu werden und bei der Aufnahme eines neuen Albums zu applaudieren und mitzusingen um Liveatmosphäre zu simulieren, verändert die eigene Wahrnehmung der Attraktivität der Beziehungssprache Musik.

Auch die Beziehungssprache, die man mit Tieren im Laufe der Jahre entwickelt, ändert sich laufend. Mit einem gerade erwachsenen oder uralten Hund kommuniziert man anders als mit einem Welpen. Wer einen Hund besitzt empfindet das Schwanzwedeln des Tieres zur eigenen Begrüßung zumeist als einen sehr einnehmenden Bestandteil der Freundschaft. Viele Menschen freuen sich, wenn sie physisch wie sprachlich abgeholt werden. Sie bekommen ein Getränk angeboten, jemand erzählt eine lustige Geschichte. Vielleicht bleiben Sie nur kurz oder essen ein einfaches Gericht miteinander, singen und tanzen danach. Rituale als attraktive Beziehungssprache in Form von Gastfreundschaft, die immer wieder differenziert in ihren Ausdrucksformen ausgelebt wird.

Es wird teilweise angenommen, dass sie im Zuge der Digitalisierung in Qualität und Quantität abnimmt. Dies gilt es zu verifizieren. Zudem gibt es eine große Anzahl von Individuen, die die digitale Beziehungssprache in ihrer Form und den Möglichkeiten, die mit ihr verbunden sind, mit Abstand besser finden. Sie sind auf einer Party und lernen jemand kennen. Es gibt weder eine Beziehungs- noch eine Sprachhistorie, an die Sie anknüpfen können. Mit den ersten Worten machen Sie Ihrem Gegenüber ein Angebot, das im positiven Fall angenommen wird. Die Sprache verändert sich und passt sich dem situativen Kontext an.

Vielleicht entdecken Sie gemeinsam Wörter wieder, die Sie lange nicht gebraucht haben, erschaffen eine Offenheit, ein Vertrauen, eine Innigkeit, die dazu führen, dass sie plötzlich auf Themen kommen, die Sie noch nie besprochen haben oder faszinierende Informationen erhalten, die Sie nicht mehr loslassen. Sie haben eine neue Sichtweise und somit ein neues Leben geschenkt bekommen. Oder Sie beschließen, dass es Zeit für ein neues Leben, einen neuen Lebensabschnitt ist. Was machen Sie damit? Mehr dazu in "Bleuciel de Sagesse", dem neuen Buch der Autorin dieses Artikels.https://www.brainguide.de/Marion-Wolters#publikationen

Wie Textvertonungen in der Wirtschaft entstehen

Wenn man den Titel "Wie Textvertonungen in der Wirtschaft entstehen" liest, fragt man sich vielleicht, wozu es überhaupt als notwendig erachtet werden sollte, dass man Texte vertont. In welchen Zusammenhängen reicht die Kraft der geschriebenen Wörter aus? Entspricht deren Vertonung nicht eher einem Zusatz, den man sich nur in wirtschaftlich guten Zeiten leistet? Wie wird eine kreative Spannung geschaffen, in der Textvertonungen entstehen und Mitarbeitende zu Mehrleistungen motiviert werden?

Die Problemlösung für ein gesellschaftlich relevantes Problem oder ein tolles Produkt. Die Ideen für die Vermarktung quellen über. Der Spaß, diese zu generieren soll sich auch in den Marketingtexten widerspiegeln. In welcher Sprache lässt sich die Kraft der Ideen bestmöglich ausdrücken? Als Texterin erhält man den Auftrag, verschiedene Arten von Texten zu schreiben und wird bei der Auswahl beratend hinzugezogen. "Ein reiner Infotext wäre perfekt, ist aber zu langweilig für die Zielgruppe. Wie bekommen wir die wichtigen Infos dennoch transportiert? Stimmt es, dass Sie als Texterin auch Texte vertonen?"

Ihre Auftraggebenden planen eine Lesung. Das Budget ist begrenzt. Der Auftrittsort ist für sein dynamisches Publikum bekannt, das sich zwischenzeitlich Getränke und Gerichte selbst holt. Sich inspirierende Texte nicht nur vortragen lässt, sondern anschließend kauft. Wie schafft man es, soviel Aufmerksamkeit zu erzeugen, dass alle Anwesenden so gespannt zuhören als würde gerade ihre nächste Lohnerhöhung bekanntgegeben? Als Texterin schreibt man einen Text nach den Vorgaben der Auftraggebenden, lässt sich den Text von ihnen absegnen. Dann packt man ihn in eine rhythmische Form, vertont ihn und lässt ihn von den Auftraggebenden vorsingen, während man selbst im verblüfften Publikum sitzt und Stecknadeln fallen hören könnte. "Dies ist doch eine Lesung, oder?"

Wo werden all diese Ideen generiert? Es gibt unzählige Konzepte, die den Schaffensprozess erklären. Nehmen wir hier der Urgrund des Seins an. Der Urgrund des Seins ist weniger ein theologisches Konzept noch bezieht es sich auf die Vorstellungen des chinesischen Daoismus oder westlicher Philosophien. Es wird hier einfach als das Ungeschaffene definiert. Wem das zu wenig ist, der kann noch die Vorstellung hinzunehmen, dass dies alles Sichtbare und Unsichtbare wie Gedanken und Gefühle einschließt. Wer noch mehr Inhalt hinzufügen möchte, dem sei die Theorie der Unabhängigkeit des Urgrund des Seins von der materiellen Welt angeboten. Aus dieser Quelle kann man neben Ideen auch alle Realitäten schaffen, die man schaffen möchte.

Wie wäre es, wenn man verschiedene Seinsqualitäten in der Realität etablieren würde, die man sonst weniger lebt? Ein CEO, der seinen nächsten Karriereschritt auf einem anderen Kontinent plante, stellte sich einen originellen, kreativ-musikalischen Abschied vor. Wenn man als Texterin einen Songtext kreieren soll, bestellt man einige seiner musikalisch begabten Mitarbeitenden in einen abgelegenen Besprechungsraum. Einschließlich des CEOs, der seine alte, verbeulte Gitarre mitgebracht hat und bei den ersten Versuchen etwas verlegen murmelt, dass er in den nächsten Wochen mehr üben würde und verspricht, besser zu werden.

Das schafft er auch. Er schafft es auch, dass sich seine musikalischen Mitarbeitenden sehr auf die wöchentlichen zwei Stunden am Freitagmittag freuen und den Schwung der Sessions mit in die Arbeit nehmen. Eine für sie neue Seinsqualität zu etablieren, die auf das ganze Team ausstrahlt: als Texterin stellt man mit seinem Duettkollegen eine Strophe vor. Der Schlagzeuger probiert einen Rhythmus dazu zu spielen. Die Bassistin fragt, ob es Absicht sei, dass die Texte im britischen Englisch ausgesprochen werden. Sollten sie nicht passender im Stil der US-Amerikaner artikuliert werden? Eine kurze Diskussion entsteht.

Zwischen den schon vertonten Zeilen fallen der Texterin neue Strophen ein, die spontan und wie im Fluge vertont werden. Die musikalischen Mitarbeitenden werfen ihre Ideen ein, sie lernen alle voneinander und verbessern sich spielerisch. "Du hast doch auch eine Gesangsausbildung", fällt dem Schlagzeuger ein. Die Texterin nickt und singt den Refrain jeweils in einer Rap-, Pop-, Musical- und Reggieversion, in die die Musizierenden einstimmen. Sie bereichern sich gegenseitig, finden neue Ausdrucksformen, vergessen die Zeit. Sie beginnen auch nach Feierabend an ihre Musik zu denken und darüber zu sprechen. Sie so sehr zu mögen, dass sie sich auch in der Woche nach Feierabend treffen und die beste Band des Unternehmens werden.https://www.bod.de/buchshop/seinsqualitaet-marion-wolters-9783755712091

Expect

"Expect". Erwarte. Vergessen was man weiß, im Fluss ohne Überdruss sein. "Expect and respect". Erwarte und respektiere. Sich verlieren in den Spalieren einer unbekannten Stadt. Inspirierend. Die eigenen Vorbehalte respektieren zu lange an Plätzen zu bleiben, die Wege beschreiben, die umgehend Unbehagen erzeugen. Sich den eigenen Gefühlen beugen. Einer Stadt ihre Geheimnisse entlocken mit Charme und Unwissen, doch nichts erwartend.

Es gibt sehr seltsame Städte. Städte, die keinen Zugang gewähren. Hermetische Städte, die auch nach mehrmaligem Besuch verschlossen bleiben. So wie es auch Menschen und Firmen gibt, die ihren Zugang zu sich in jeder Hinsicht für sich behalten. Neugierigen Besuchenden bieten sie eine Herausforderung an, die sie annehmen möchten. Doch wie kommt man ihnen näher? Wie erreicht man, dass sie nicht nur irgendwelche unbekannten Seiten zeigen, die man in den bekannten Medien recherchieren kann? Vielleicht beginnt man, indem man erst mal über das Wort "Expect" nachdenkt. Ein interessantes Wort, nicht?
Die Vorfreude auf im touristischen Sinne schöne Orte in einer Stadt kann für lange, entbehrungsreiche Arbeitswochen entschädigen. Sie belohnt für gute Schulnoten und eröffnet neue Gedankengebiete für allgemein Interessierte. "Expect" ist in diesem Sinne schon erfüllt. Wenn man jedoch erwartet, dass man das Geheimnis einer Stadt erfährt oder wer die kleinen Geheimnisse sehen, hören und erfahren möchte, wird anders agieren. Weniger wird man dies frontal, direkt oder gar mit der Brechstange versuchen. Es ist eine Suche, die umsichtiger ist. Es geht nicht nur um touristische Schönheiten, sondern um das Annehmen des Unangenehmen, vielleicht sogar des Unannehmbaren.

Unwissend sich einer neuen Stadt zu öffnen kann bedeuten, nicht im Vorhinein zu recherchieren. Sich ohne digitale Geräte dort zu bewegen. Sich vom Wetter überraschen zu lassen, von der Plötzlichkeit, mit der verfrüht einzelne Läden schließen. Von den kleinen Plätzchengeschenken, die man zwischendurch erhält oder der Langsamkeit, mit der ein Wort ausgesprochen wird. Wer sich darauf einlässt, sich die Zeit nimmt, erfährt im Laufe der nächsten Stunden die ersten kleinen Geheimnisse der Stadt. Informationen reihen sich an Informationen, führen zu Ideen, wie das Unbekannte zum Bekannten werden könnte.

So bekommt man eine Stelle in einer anderen Filiale in dem Unternehmen, zu dem man als Journalistin keinen Zutritt bekommen hat. Kann auf diese Weise dennoch alles herausbekommen, was für den intendierten Artikel von Bedeutung ist. Partizipierend und indem man das Leben von innen miterlebt. Ein unbekannter und unerkannter Teil des Ganzen ist. Mehr zu dieser Idee in "Bleuciel de Sagesse"https://www.bod.de/buchshop/bleuciel-de-sagesse-marion-wolters-9783752649000."Expect" kann auch als "auf etwas warten" gedeutet werden. Vielleicht löst man diese Spannung und erkundet das Geheimnis einer Stadt auf die Art, die ihr gewiss gerecht wird: so, wie sie Liebende erkunden würden.

Ein Hauch von Upper Class

Zwei Glasgebäude, die durch einen in zwei Meter Höhe erbauten Swimmingpool verbunden sind. Durch Solarzellen mit Licht und Wärme versorgt werden. Eine Dachterasse, die an einen Garten am Nil erinnert. Teiche, in denen Fische aus dem japanischen Kaiserteich schwimmen. Die Großzügigkeit der Anlage lässt auf die Geisteshaltung des Besitzers schließen. Ein Beispiel wie man sie erschließen und dabei einen Hauch der Upper Class genießen kann.

Betritt man ein solches Haus, denkt man unwillkürlich an Le Corbusiers "Si le soleil entre dans la maison, il est un peu dans votre coeur." Man entdeckt einen Lichthof, üppig umgeben von unempfindlichem Bambus. Die obligatorischen Steinstatuen, die man in solchen Zusammenhängen klischeehaft findet, sucht man hier vergeblich. Alles eher schlicht gestaltet. Wer eintritt, erhält die Einladung, wahlweise enttäuscht oder erstaunt zu sein. Geht man weiter denkt man an "Le Souvenir de Mauve". Nicht Van Goghs Gemälde, sondern an ein Album, auf dem auch die japanische Underground Musikerin Reiko Kudo mitgewirkt hat. An "We maybe" und ihren zerbrechlichen, kompromisslosen Gesang. Ein existentielles Thema in einem experimentell-minimalistischen Arrangement.

In diesem Haus ist jeder Raum ein Traum von einer eigenen beseelten Welt. Nur zu leicht ist man versucht, die unbekannten Kunstwerke genauer zu betrachten und sie kunsthistorisch einzuordnen, entscheidet sich jedoch dies nicht zu tun, verweilt im Augenblick. Wie wäre es, in den Dialog mit den natürlichen und naturbelassenen Materialien der Möbel einzutreten indem man sie nutzt, ihnen eine persönliche Identität verleiht? In diesen Räumlichkeiten wohnen Menschen, die gerne abseits des Mainstreams leben. Die die eigene Welt fast schüchtern präsentieren und nur einigen Wenigen, da sie Missverständnisse vermeiden möchten.

Die Kultivierung der eigenen Kreativität findet einen sanften, stimmungsvollen Ausdruck in der Farbgebung der Räume. Die Übergänge, die mit humorvollen Accesoires gestaltet sind, korrelieren mit einer global ausgerichteten Geisteshaltung. Die "Clientèle ohne Namenschild" muss niemanden um Erlaubnis oder Rat fragen. Sie kann sich Stil- und Regelbrüche erlauben ohne respektlos zu sein. Rebellen, die niemals als solche erkannt werden. Denn ihr Verhalten ist weder darauf angelegt noch wird es öffentlich bekannt. Die Liebe zur Natur erkennt man in der Integration der Anlage, man befindet sich mitten in ihr. Das Wohnzimmer mit gläsernem Fußboden schwebt über einem Teich, eine japanische Holzbrücke führt direkt an den Privatstrand an der französischen Riviera.

Man kann diese Welt für sich entdecken. Gelegenheiten ergeben sich schon mal. Wer den Zutritt gewährt bekommt, kann sich als reich beschenkt betrachten, als privilegiert oder einfach nur als interessiert. Hält man sich dort länger auf, lernt man die unbedingte Diskretion kennen, die smarte Weise, mit der Probleme gelöst werden. Ebenso die Losgelöstheit dieser Gesellschaftsschicht von den Alltäglichkeiten der Mehrheit der Menschheit. Vielleicht wird man auch von den Möglichkeiten begeistert sein, die diese finanzielle und dadurch bedingte geistige Freiheit und Unabhängigkeit bietet. Die Faszination mag nachlassen (weil man auch die Schattenseiten sieht) oder nachhaltig prägen. "Si le soleil entre dans la maison, il est un peu dans votre coeur?" https://www.bod.de/buchshop/portrait-marion-wolters-9783756203109

Kreislaufwirtschaft und Sprache als Selbstinszenierung

Im Rahmen einer Karriereplanung ist Sprachgewandtheit ein unbedingtes Mittel. Man kann diese erreichen, indem man die eigenen mündlichen und schriftlichen Texte analysiert und den derzeitigen Istzustand feststellt. Regelmäßig einen Fragebogen ausfüllt, der die Anzahl der verwendeten Verben, Substantive, Adjektive etc. dokumentiert und u.a. einen Überblick über Satzstrukturen anbietet. Sprache als Selbstinszenierung. Sprache in der Selbstreflektion. Sprache in der subtilen Vermittlung des Selbstbildes.

Worte bringen etwas Imaginäres in die Welt. Man kann sie so formulieren, dass sie ganz knapp an die Grenze dessen gehen, was nicht ausformuliert werden soll oder darf. Das Spiel und in gewisser Weise auch Versteckspiel wird gerne genutzt, um gesellschaftlich nicht konformen oder nur bedingt akzeptierten Sachverhalten dennoch eine Existenz zu geben. Der Spaß an der auf diese Weise interpretierten Information ist Ausdruck einer sich immer wieder wandelnden Welt voller Regeln und Verbote, deren Begrenztheit auf diese Weise erweitert und ausgehebelt wird. Subtilität in Aktion. In der Interaktion.

Worte, die wie Kostbarkeiten am Rande stehen, einfach weggeworfen werden. Was ist aus all den nicht ausformulierten und somit meistens auch weggeworfenen Träumen geworden? Die den eigenen Status Quo bedrohen, weil dann viele andere Lebensmöglichkeiten ausscheiden? Warum sie nicht immer mal wieder in abgeschwächter Form leben? Schließlich könnte ein einthemiger Lebensentwurf doch zu langweilig sein oder als zu langwierige Möglichkeit empfunden werden. So bereichern auch nicht ausformulierte Begriffe das Leben, indem sie Raum für mehrere Themen lassen. Beispielsweise den Raum nutzen und ein Event durch wenige Wortanpassungen upgraden.

Ein Clubgig. Ungeplant nimmt man Teil. Man war gerade in der Nähe, sah eine Freundin hingehen. Es gibt noch ein Ticket, einen Platz vorne. Musik, die so ekstatisch ist, dass sie nicht mehr tanzbar, sondern nur noch springbar ist. Ein Liebeslied wird performt, bei dem der attraktive Gitarrist mit den silbernen Fingernägeln tatsächlich die ganze Zeit Blickkontakt sucht. Man kennt die Songtexte, weiß, dass daran immer mal wieder gearbeitet wird. Der kurze, intensive Blickkontakt erweitert den eigenen emotionalen Raum, auch wenn man sich nicht ganz darauf einlässt. Der Sänger hat die Begebenheit erfasst, verfasst den Text des nächsten Songs mit feinsinnigen Änderungen neu. Sprache, die als Selbstinszenierung unvergessene Momente bewirkt.

In einem koreanischen Café mit internationalen Gästen weht der Wind immer wieder das Wort "Nachhaltigkeit" in verschiedenen Sprachen herüber. Ein vielseitig definiertes Wort. So oft, dass die gerade genutzte Bedeutung unklar bleibt. Vielleicht auch angenehm, wenn man sich im sommerlichen Europa in der Nähe einer Uni befindet und das Leben genießt. Den Anstrengungen und Anregungen des tiefgründigen Denkens für eine kurze Zeitspanne entrinnen möchte. Es kostet so viel Energie! Wie wird Energie in der Kreislaufwirtschaft verwendet? Ist Nachhaltigkeit mit Selbstgenügsamkeit, dem Leben im Einklang mit der Natur gleichzusetzen? Mit dem radikalen Konsumverzicht der tang ping Protestbewegung in China? In der Natur nimmt sich der Löwe nur,was er braucht...
https://www.bod.de/buchshop/seinsqualitaet-marion-wolters-9783755712091

Der Astronom als Schmuckeremit im gelungenen Dialog

Astronomen und Schmuckeremiten (der Begriff wird gleich noch erklärt) sind Berufe wie manch andere auch. Eher unauffällig, auch wenn man damit prominent werden kann. Jedoch nicht muss oder möchte. Ist das Nebensächliche, Unauffällige nicht viel interessanter? Dezent und wirkungsvoll wie gelungene Dialoge, die man oft und gerne in Filmen, Zeitungen, auf der Bühne zu sehen und hören bekommt. Doch was macht diese Dialoge aus? Wie wurden sie erfolgreich gestaltet und was haben Astronomen und Schmuckeremiten damit zu tun?

Der englische Hochadel im 18. Jahrhundert leistete sich in seinen Parks Eremiten, die als Angestellte in ihren Eremitagen dort wohnten. Sie waren fest angestellt und hatten sich zu vereinbarten Zeiten für Besucher sehen zu lassen. Eine schrullige Idee? Oder symbolisierten Ziereremiten den emotionalen Zustand des englischen Hochadels, dessen Erfindung sie waren? Eine Mischung aus nicht wirklich in den Zwängen der Gesellschaft leben zu können aber auch nicht als allein auf sich gestellter Einsiedler? Für die Eremiten war dies eine gute Einnahmequelle, die sie gerne nutzten.

Philosophen waren unter ihnen, verschrobene Wissenschaftler auch. Wie wäre es, wenn man einem Astronomen eine Anstellung in einem Wirtschaftsunternehmen als sogenanntem Schmuck- oder Ziereremiten anbieten würde? Ein Abgesang auf die traditionsverhaftete Homogenität des Teams, das mit einer solchen Aktion die Diversität humoristisch ergänzt und zum Wohlbefinden der einzelnen Teamindividuen beiträgt. Denn der Astronom (generisches Maskulinum) der diese wissenschaftliche Chance sieht und ergreift, die er aufgrund gestrichener Fördergelder sonst nicht mehr wahrnehmen könnte, ist auch linguistisch bewandert. Aus Dankbarkeit oder nur ihm bekannten Gründen zeigt er sich daher nicht nur zu den vereinbarten Zeiten, sondern auch ein oder zweimal zusätzlich.

Wenn jemand frustriert ist, weil es auf der Business- und/oder der menschlichen Ebene Probleme gibt, geht er zum Astronomen. Vielleicht schaut das Individuum ihm nur zu oder erzählt dem Astronomen aus seiner Sicht, was passiert ist. Der Astronom hört ihm aufmerksam zu. Beim nächsten Mal, wenn sich der Eremit zeigt, hat das Individuum die Ereignisse schon verdaut. Oder ist interessiert, die Geschehnisse aus der Sicht des Eremiten zu überdenken. Beim übernächsten Treffen möchte er vielleicht den Blickwinkel des Astronomen erfahren und bekommt eine übergeordnete Perspektive. Heilen durch Worte. Indem man die Geschehnisse immer wieder neu anschaut und bespricht.

Dazu gehört es, psychologisch und linguistisch eine Sprache zu sprechen, die so sehr der Sprache des Gegenübers ähnelt, dass er sie nicht nur versteht, sondern sich auch in ihr wiederfindet. Um damit die Voraussetzung geschaffen zu haben, die beiderseitigen Unbekannten und Befremdlichkeiten herauszufinden. In der Reflexion mit sich selbst und im gemeinsamen Gespräch. Vielleicht auf eine Art, die Witz, Spaß und Poesie zulassen kann und die miteinander Sprechenden dabei immer als Person ernst nehmen. Der Schmuckeremit als auffällig unauffälliger Astronom, der sich in seiner zurückgenommenen Art und Lebensweise als unentbehrlich erweist. Soweit der Astronom als Schmuckeremit im gelungenen Dialog.

Zum Schluss noch eine wirtschaftliche Sicht: Der Konstruktivismus ist eine Philosophie des 20. Jahrhunderts. Sehr

vereinfacht kann man ihn als interpretierende Sichtweise des Individuums darstellen: Geschäftsleute, die das Unternehmen, in dem der Schmuckeremit wohnt, besuchen: "Eine originelle Möglichkeit, etwas für Gesellschaft und Wissenschaft zu leisten!" Die Konkurrenz erkennt den Schmuckeremiten als kreatives Alleinstellungsmerkmal an: "Wir müssen an unserem Image arbeiten. Es soll prägnanter werden." Neue Mitarbeitende staunen und erzählen ihren Freunden von der Erstbegegnung, machen Werbung für das Unternehmen. Auszubildende: "Cool! So ein Hightech-Teleskop will ich auch haben!"
https://www.amazon.de/Seinsqualit%C3%A4t-Marion-Wolters/dp/3755712091?asin=3755712091&revisionId=&format=4&depth=1

Content Creator

Ihr Profil als Content Creator: Sie verfügen über ein gutes Ausdrucksvermögen, kennen sich mit graphischer Gestaltung, Bildbearbeitung und Videodreh aus. Mit den Zielgruppen sind Sie in engem Kontakt, damit ihr Content auf dem neuesten Stand bleibt. Sie redigieren Texte, recherchieren kontinuierlich relevante Themen. Sie verfassen die interne sowie externe Kommunikation in enger Abstimmung mit der Marketingabteilung und führen Erfolgskontrollen durch. Sie sind offen, kommunikativ, kreativ. Es erwartet Sie ein internationales Umfeld mit attraktiven Gehaltsaussichten. Haben wir Ihr Interesse geweckt?

Guter Inhalt (Content) wird überall gebraucht: im Online Marketing, in den Sozialen Medien und in den Printmedien, um nur einige zu nennen. Viele Texte, Bilder und Videos werden erstellt, um Geld zu verdienen. Immer neuer Content, um die nimmersatte Community zu unterhalten, die alles gierig inhaliert. Was geschieht, wenn neue Ausdrucksformen die Lesart verändern? Wie liest man ein ungewolltes Schauspiel (dessen Inhalt sich der Zielgruppe nicht erschließt, da der verlangsamte Bildfluss sich dem niedrigeren Aufmerksamkeitsniveau entzieht)? So wie die Bedeutungsgebung eines Fragmentes ohne Referenzpunkt den Lesenden nicht vollständig gelingt, da sie eine andere Art der Schulung voraussetzt. Ein indirekter Ausdruck, der die Schönheit und Anmut nicht gelebter Welten andeutet. Doch zurück zum direkten Ausdruck: wie kreiert man neuen Inhalt? Indem man permanent arbeitet. Liest, denkt, kreativ gestaltet. Immer neue Wege geht um einzigartige Texte zu verfassen, die sich abheben von der Masse, dem Durchschnitt, der litt an Einfallslosigkeit und Nacktheit. Man geht weiter, als man je gegangen ist, weil man selbst gefangen ist in Subjektivismen als einer Zeit in Eintönigkeit. Ist neugierig, spielt,

spielt, spielt. Wird immer besser und irgendwann perfekt aus einer leistungsorientierten Sicht, die hervorsticht durch den Mangel an Versuchen, die Versuchungen sind.

Wer auch für sie offen ist und spielerisch mit ihnen umgeht, macht sich verletzbar, auch hetzbar und angreifbar, ist rar. Andersartigkeit und Authentizität als Antwort auf die Erfolgsfrage. Sich regelmäßig vor eine Kamera zu stellen kann kein künftiges Ziel sein. Vielfältige Vorgaben und enge, sehr enge Abstimmungen mit anderen Abteilungen auch nicht. Enge. Das Wort vermeidet das Universum der Grenzenlosigkeit, verleidet die Reinheit des Ausdrucks durch die Beimischung und Einmischung vieler Entscheidungsträger. Einschließlich der einschränkenden Deadlines und Headlines, für die es Texte zu schreiben gilt, kommt man zu dem Schluss, dass man besser seine eigenen Produkte bewirbt bevor das Wichtigste stirbt: der Spaß.

Sternenstaub und magische Momente. Unbekannt bleiben mit dem Umhang der Zauberer, der unsichtbar macht. Drehbücher schreiben für Videodrehs mit kreolischen Kostbarkeiten. Projektionen des Vertrauens, der Gewissheit. Der Neugier, der Offenheit und des unbekümmerten Ausprobierens. Der Sorglosigkeit und des leichten Sinns, der Sinnlichkeit. Alles ist jetzt wieder möglich. Die Sonne meint es gut. "You are still beautiful." Der Silberreiher steht so still am Gewässer, dass man denkt, er sei nicht echt. Doch er ist es. So wie alles echt ist an diesem traumseligen, saumseligen Tag, an dem sich der Content selbst kreiert. https://www.amazon.de/Bleuciel-Sagesse-Marion-Wolters/dp/3752649003.

Plötzlich ohne den Boden unter den Füßen

Wie ist es, wenn sich von jetzt auf gleich alles ändert? Wenn die Paradigmen, die gerade noch gültig waren, plötzlich nicht mehr gelten? Die Verlässlichkeiten zerbrochen sind, weil neue Strukturen ins Leben gerufen wurden? Die Fassbarkeiten unfassbar sind, weil neue Definitionen der Realität diese unberücksichtigt lassen? Wie entzieht man sich akuten Bedrohungen, wenn nicht ahnbare Umstände eintreten oder vermeidet sie doch vorausschauend?

Plötzlich muss man umziehen, das Land verlassen physisch oder psychisch. Ist nicht mehr eingebunden in eine Kommunikation, die Heimat bedeutete. Die Teilhabe an einer vertrauten Welt wird über Nähe geschaffen. Es gilt die Deutungshoheit der Mehrheitskultur zu erforschen, um die Selbstpositionierung im Nahraum so gestalten zu können, dass man sich wohlfühlt. Es mag hilfreich sein, die eigene Sozialisierung zu analysieren, um sich zum Beispiel in eine normative Servicehaltung nahtlos einzufügen, die durch Systemkonformität grundsätzlich geadelt wird. Oder aber durch die dort gängige ironische Distanzproduktion nicht aufzufallen.
Wertet man Vertrauen als Mittel um Emotionalität und Vertrauen zu schaffen, beginnt man mit der Basis für eine Beziehung. Deren Intensität resultiert aus den gemeinschaftlichen kulturprägenden Einsichten. Berücksichtigt man die unterschiedlichen Herkunftsmilieus und kulturellen Dynamiken, ermöglicht man sich selbst sehr schnell ein Verbleiben im Nahraum ohne Indifferenzen nivellieren zu müssen. Die Abarbeitung sachbezogener Themenkreise der Kollektivakteure wird diese zusätzlich beschleunigen. Nutzt man die Mechanismen der Distanzbildung und tariert sie fein aus, vermeidet man zudem den Eindruck der Anbiederung. Auch ist

es förderlich, den Unterschied zwischen Mitgefühl und Mitleiden zu kennen und zu respektieren.

Welchen Weltzugang wählt man, um das psychische Überleben dauerhaft zu gewährleisten, so dass dies unabhängig von plötzlich eintretenden Umständen garantiert ist? Wie schafft man dies mit und ohne externe Legitimierung? Welchen Beitrag leistet die Expressionsfähigkeit bei der Verschriftlichung von Themen? Ist sie der Formierung einer normativen Sinngebung der Wirklichkeit dienlich? Die linear in die Existenz gebrachten Statements sind zeitlich gebundene Äußerungen, deren Änderungen ausgeschlossen sind. Anders als die phonischen Varianten, deren vieldimensionale Wirklichkeit man unmittelbar widerrufen oder welche wiederlegt werden kann. Vielleicht dient die Verschriftlichung als Form der Distanzierung, während sie inhaltlich durch die komplexere Rahmung dem erneuten Lesen, Reflektieren und einem tieferen Erkenntnisgewinn die Möglichkeit einer größeren Nähe birgt.

Sind Stabilität und Struktur erst einmal geschaffen, ist die Zeit für Überraschungen nah. Innerhalb des neuen Vertrauens, der Vertrautheit ist man frei für neue Abenteuer des unmittelbaren Ausdrucks. So wird die Idee der Unmittelbarkeit im "Musical Immediacy" der Autorin dieses Artikels permanent und ohne Vermittlung einer äußeren oder inneren Instanz immer wieder neu erlebt. Belebend durch die musikalischen Einlagen wird die performative Tätigkeit der Lesenden angeregt. In der Entwicklung neuer sinnlicher Erfahrungsräume, die so angelegt sind, dass das Individuum den Interpretationsraum jederzeit sprengen kann. https://www.bod.ch/buchshop/musical-immediacy-marion-wolters-9783756895120

WISSENSCHAFT

Metaverse und die philosophischen Grundlagen des Silicon Valley

Errichte ein Universum der Superlative, indem die binären Mann-Frau-Strukturen nicht mehr existieren. Kreiere eine weibliche Kunstfigur mit dem männlichen Vornamen Bleuciel: https://www.amazon.de/Bleuciel-Sagesse-Marion-Wolters/dp/3752649003 Tauche ein in eine fluide Welt, in der die Persönlichkeit wichtiger ist als äußere Merkmale. Schreibe einen Artikel als Manifest für alles Unsagbare. Interpoliere und halte inne in einer Andersartigkeit, die ihresgleichen sucht und den Anachronismus der Jetztzeit anarchisch überschreitet. - Soweit eine angedeutete Vorstellung des Metaverse in der Sprache einer (fast) untergegangenen politischen Kultur, deren Begrifflichkeiten und importierte Debatten allgemein nicht mehr bekannt sind.

Besser man wählt die Worte so, dass sie im Hintergrund bleiben und der Inhalt im Vordergrund steht. Eine Sprache, die dem Inhalt nicht nur dient, sondern ihn hervorhebt: Das Metaverse wird als Internetnachfolger gehandelt. Als eine Möglichkeit, in der in einer simulierten Welt mittels Virtual Reality Brille, Headset, Computer und individuellem Avatar (einer virtuellen Kopie der Agierenden) gearbeitet und gelebt werden kann. Mit einer Vielzahl unterschiedlicher Unternehmen, damit der eigene Avatar und die Freundes-Avatare zusammen ins Kino gehen, Konzerte besuchen oder Kleidung kaufen können, die in der realen Welt mit realem Geld bezahlt werden. Man kann Grundstücke neben Prominenten kaufen und sie später mit Gewinn verkaufen oder sich hoch verschulden.
Die Technikgläubigkeit des Silicon Valley basiert auf den philosophischen Grundlagen der Longtermisten. Longtermism

oder Langzeitismus wird von Philosophen, die an den Eliteuniversitäten Cambridge und Oxford arbeiten, argumentativ verbreitet. Dabei wird ein pessimistisches Zukunftsbild nicht nur für die nächsten Jahrzehnte, sondern für die nächsten Jahrhunderte/die nächsten Jahrtausende gezeichnet. Der Weltuntergang wird jederzeit als reale Möglichkeit angenommen und es werden Szenarien entworfen, wie und wo die Menschheit überleben kann. Die Besiedlung anderer Planeten ist dabei eine favorisierte Möglichkeit. Neben Asteroideinschlägen zählt KI zu den Risiken, vor denen Langtermisten warnen.

Die Langtermisten beziehen sich auf den Utilitarismus nach Jeremy Bentham, dem hedonistischen Prinzip des Strebens nach Lust und der Vermeidung von Leid: das größtmögliche Glück für die größtmögliche Zahl an Individuen. Quantität ist in diesem Zusammenhang wichtiger als Qualität. Langtermisten überlegen, ob man Geld in die Asteroidenabwehr investieren sollte, um die Menschheit zu retten oder ob es sinnvoller ist, das Geld in die Entwicklungshilfe zu stecken. Ihren statistischen Berechnungen zufolge ist es in die Asteroidenforschung zu stecken, da eine größere Anzahl von Menschen gerettet werden würde. Ist Technik als neutrales Werkzeug anzusehen angesichts des dadurch verursachten Leids? Verdankt man den Langtermisten in einer fernen Zukunft die Rettung der Menschheit?

Zurück zum Metaverse, das umfassendere Möglichkeiten anbieten wird als die virtuelle Realität, die es schon mehr als zehn Jahre gibt. Genug Zeit, um sie in ihren zahlreichen Varianten selbst auszuprobieren. Sich von ihr überzeugen zu lassen oder auch nicht. Einen physischen Raum zu durchschreiten, während man im virtuellen Raum Avataren begegnet. Mit Freunden in einem physischen Raum VR-Brillen aufzusetzen und zusammen ein Möbelstück in der Realität zusammenzubauen. Wobei die VR-Brillen so programmiert sind, dass man selbst nicht seinen eigenen physischen Raum wahrnimmt, sondern den Raum eines Mitspielenden, dessen Namen man vorher genannt bekommt und sich verbal abstimmen muss, um das gemeinsame Ziel zu erreichen. Welche Welt(en) werden Sie bewohnen?

Quantencomputer

Quantencomputer gelten als die Supercomputer der Gegenwart und Zukunft, weil sie in ungleicher Geschwindigkeit Rechenaufgaben erledigen, die für die uns bekannten Computer zu unseren Lebzeiten nicht lösbar wären. Worauf basiert die Technik und wie unterscheidet sie sich von den marktüblichen Varianten? Qubits bieten die Grundlage für abhörsichere Konferenzen und sind ein gelungenes Beispiel für Teleportation. Wie werden diese Möglichkeiten genutzt?

Herkömmliche Computer arbeiten mit Bits, die sich entweder in der Position 0 oder 1 befinden und in Höchstgeschwindigkeit ihnen gestellte Aufgaben nacheinander errechnen. Quantencomputer dagegen können verschiedene Aufgaben gleichzeitig bearbeiten und somit sehr viel schneller zum Ergebnis gelangen. Sie basieren auf Quantenbits, abgekürzt auch Qubits genannt. Die Spinorientierung eines Elektrons kann die Position 0 oder 1, 0 und 1 und auch alle Zustände dazwischen bilden. Solange das Elektron sich bewegt, ist noch alles möglich. In dem Moment, indem die Messung durchgeführt wird, wird auch die Position festgelegt.

Verschränkung bedeutet, dass Qubits miteinander wechselwirken können. Dies kann beispielsweise durch Magnetfelder geschehen. Auf diese Weise werden sie voneinander abhängig. Beeinflusst man ein Qubit, beeinflusst man auch die anderen Qubits. Über einen Sortieralgorithmus wird das optimale Ergebnis herausgefiltert. Voraussetzung ist, dass die Superposition stabil bleibt bzw. die Koherenzzeit, d.h. die Überlagerungszeit der Zustände Null und Eins, möglichst lang ist. In diesem Bereich spricht man von wenigen Millionstel

Sekunden. Quantencomputer nutzen eine sogenannte Supraleitung, (das bedeutet, dass sie Strom ohne Widerstand leitet) die in der Nähe des absoluten Nullpunktes bei -273 Grad Celsius arbeitet, um die Quanten unter Kontrolle zu halten.

Können Quantencomputer jede beliebige Email knacken? Dies wird künftig vielleicht möglich sein, derzeit ist die Fehleranfälligkeit z. B. durch Geräusche noch zu groß. Abhörsicherheit ist aber jetzt schon möglich. Der Wiener Professor Anton Zeilinger hat zwei verschränkte Teilchen an zwei verschiedene Orte der Erde geschickt. Ihre Quantenzustände änderten sich auch durch die Trennung nicht. Ändert man den Quantenzustand eines Teilchens, ändert sich synchron ohne Zeitverzögerung auch der Quantenzustand des zweiten Teilchens. Das Hacken einer solchen Verbindung würde sofort bemerkt werden. Seit 2012 hat sich China dieses Phänomen nutzbar gemacht. Auf der Erde gibt es noch zu viele Störfaktoren wie Rauch oder Wasserdampf in der Luft. Fehlerquellen, die es zu beheben gilt.

Beste Vorraussetzungen bietet das Weltall. China hat es geschafft, über einen Quantencomputer in der Wüste Gobi und einen Satelliten im Weltall alles, was z.B. auf den Kongressen der Partei gesprochen wurde, durch die Teleportation von Quanten abhörsicher zu kommunizieren. Quantencomputer eröffnen faszinierende Aussichten für komplexe Probleme, wie sie in der Biologie, Chemie, Logistik und Medizin vorkommen. Startups beschäftigen sich mit dem Schreiben der Software. Sie stehen auf einer Zukunftsbrücke (future bridge). Lesen Sie auch "Emotions create a new understanding mending thoughts while standing on a future bridge".

Langlebigkeit

Lange und gesund leben. Das ist das Ziel vieler Menschen. Die biologisch-medizinischen Voraussetzungen haben sich in den letzten Jahrzehnten immer weiter verbessert. Die Schwelle von 120 Jahren zu überschreiten scheint durch die neuesten Forschungsergebnisse tatsächlich möglich zu sein. Wie könnte der uralte Menschheitstraum Realität werden? Ein Aufbruch in eine schöne neue Zeit, die bereit ist sich zu erheben. Zu Weben den Stoff der Ewigkeit in Glückseligkeit.

Der schnellste und einfachste Weg, das eigene Leben in Gesundheit zu verlängern, bietet die Epigenetik an. Sie ist eine neue Disziplin innerhalb der Genetik, die (wechselhafte) Umwelteinflüsse erforscht, die der Mensch zum Teil selbst bestimmen kann. Dies wurde bei Zwillingsmäusen mit gleichem Erbgut erforscht. Der Zwilling, der Nahrung mit einem hohen Zuckergehalt erhielt verursachte damit, dass das von den Eltern vorhandene Erbgut aktiviert wurde: der Zwilling erkrankte an Diabetis. Der andere Zwilling ernährte sich zuckerarm, aktivierte seine geerbten Gene nicht, blieb gesund und lebte länger. Kann man Einfluss auf die als unveränderlich geltenden Gene nehmen? Wenn ja, wie?

Ein tieferer Einblick in die chemischen Prozesse, die in den Genen ablaufen, führen unweigerlich zu Methylierungen. Dies sind chemische Transferleistungen an Grundbausteinen der Erbsubstanz in einer Zelle, die nicht die DNA-Substanz verändern, sondern nur reversible Modifikationen im Phänotyp (Erscheinungsbild) der Zelle bewirken. Sie verändern sie jedoch nachhaltig so, dass sie auch dauerhaft an die nachfolgende Generation weitergegeben werden kann. Hierbei ist der

Zeitpunkt der Methylierung im Leben des Menschen entscheidend. Für epigenetische Markierungen scheinen auch Tag- und Nachtrhythmusänderungen eine Rolle zu spielen. Zudem bestimmen neben den Lebens-und Essgewohnheiten auch regelmäßige sportliche Aktivitäten, welcher epigenetische Code sich dauerhaft etabliert.

Wäre es da nicht einfacher, auf der Zellebene zu reprogrammieren wie es Dr. David Sinclair praktiziert und dafür zu sorgen, dass aus einem alten Organ ein Organ mit der Funktion eines jungen Organes wird? Die Zellalterung durch gezielte Autophagie (Zellreinigung z.B. durch Fasten), kalte Bäder, körperliche Anstrengungen, Spermidin (z.B. in Nüssen, Käse) zu verlangsamen? Könnte man nicht gleich zum Bioprinter gehen und das Organ produzieren lassen, das man gerade benötigt? Es gibt dahin gehende Forschungen. Dabei werden Gewebestrukturen aus gezüchteten Zellen und polimerem Gel gezüchtet und in Organe transferiert.

Dies sind nur einige Beispiele, die aufzeigen, dass ein langes Leben in Gesundheit möglich ist. Dann wird die Seinsqualität (siehe auch das gleichnamige Buch der Autorin dieses Artikels,) u.a. dargestellt als die augenblickliche Qualität des individuellen Seins, einen noch viel größeren Raum als heute einnehmen. Die Wahlmöglichkeiten werden vielfältig sein. Die von den Lesenden selbst für sich zu definierende Seinsqualität wird eine das Leben umfassende und darüber hinausgehende Frage sein, die sich viel mehr Menschen als heute stellen können, weil die Voraussetzungen da und anders sind. Ein Thema, das weniger philosophisch ist, sondern jederzeit und immer das tägliche Leben betrifft. Ist Ihre heutige Seinsqualität zukunftsfähig? https://www.bod.de/buchshop/seinsqualitaet-marion-wolters-9783755712091

Das phytagoreische Komma oder was ist Ihr Her(t)zton?

"Wer das Geheimnis der Töne kennt, kennt das Mysterium der ganzen Welt", sagte Hazrath Innayat Khan. Physikalisch ausgedrückt besteht Musik aus Schallwellen. Deren Anzahl wird pro Sekunde in Hertz gemessen. Diese Maßeinheit wurde nach dessen Entdecker, dem deutschen Physiker Heinrich Hertz, benannt. Doch was hat das mit Ihrem persönlichen Her(t)zton zu tun und wie können Sie herausfinden wo er liegt?

Phythagoras gilt als der Begründer der mathematischen Analyse der Musik. Er fand heraus, dass eine Oktave zwölf Töne umfasst. Wenn man ein Klavier stimmt, stellt man fest, dass die Frequenzen eines Tons und der dazugehörigen Quinte, die immer genau im Verhältnis 2:3 stehen, eine Lücke bis zum letzten Ton der Oktave entstehen lassen. Diese Tondifferenz nennt man auch das "phytagoreische Komma". Sie wird über die ganze Oktave verteilt und klingt dann harmonisch. Pythagoras Schüler Aristoxenos legte die Grundlagen der heutigen abendländischen Musik. Dazu gehört auch die Kombination der Frequenzen.

Dadurch entstehen auf Halbtönen basierende Tonarten wie Dur und Moll, die den Hörgewohnheiten der abendländischen Hörer vertraut sind. Im Orient werden die Halbtöne in Vierteltöne differenziert, weshalb sie dem Europäer unstimmig erscheinen. Unstimmig erscheint so manchem auch der heute gängige Kammerton von 440 Hertz. Der Kammerton ist der Ton, auf den Instrumente z.B. in einem Orchester eingestimmt werden, damit sie harmonisch miteinander musizieren. Früher fanden sie oft in königlichen Gemächern statt, in den Kammern, woraus sich der Name ergibt. Dieser Kammerton entsprach früher 432 Hertz.

Der Physiker Winfried Otto Schumann wies als Grundfrequenz der Erde 8 Hertz nach. Wenn man diese für das menschliche Ohr hörbar macht, liegt sie bei 432 Hertz. Der Schweizer Musikwissenschaftler Hans Cousto fand dies ebenfalls heraus. Er leitete die "Planetentöne" aus deren Rotations- und Umweltperiodenzeiten ab. Das cortische Organ im Innenohr schwingt auf 432 Hertz. Ist es viel Arbeit für unser Ohr, sich anders frequentierte Kammertöne "zurechtzuhören" oder ist es eine Frage der Gewohnheit? Lag der Kammerton früherer Zeiten immer bei 432 Hertz und warum hat man sich auf 440 Hertz geeinigt?

Im 17. und 18. Jahrhundert lag er in Deutschland bei 415, in Italien bei 466 Hertz. Das Musikleben wurde im Laufe der Zeit zunehmend internationaler. Stimmen nach einer einheitlichen Stimmtonhöhe wurden laut. 1939 einigte man sich auf der Londoner internationalen Stimmtonkonferenz auf 440 Hertz. Dies ist ein Richtwert, der z.B. für Orchester mit Saiteninstrumenten nur bedingt gilt. Sie werden meistens auf 443 Hertz eingestimmt, da sie dann lauter und voller klingen. Je nach Tagesform, Hörgewohnheiten etc. sind Menschen mit absolutem Gehör auf unterschiedliche Kammertöne eingestellt. Für wieviel Hertz schlägt Ihr Herz natürlicherweise? Machen Sie den Test mit den entsprechenden Youtube-Videos und lesen Sie ein Buch auf Ihrer Herzfrequenz
https://www.brainguide.de/Marion-Wolters#publikationen

Wie man Zeitlosigkeit erreicht

Waren Sie kürzlich zum Christmas Shopping in New York? Dann haben sie vielleicht die dynamische Fassade des neuen Nike Flaghip Stores in New York gesehen, die eingeschnittene und gebrochene Isolierglaseinheiten aufweist. Faszinierend? Oder waren Sie auf der glasstec, der weltgrößten Glasmesse in Düsseldorf und haben das auf den Kopf gedrehte Auto gesehen, das nur an zwei sehr dünnen Glasscheiben hing?

Die optisch offensichtliche Brillianz von Glas ist nur ein Aspekt dieses uralten Materials, das es bereits 5000 vor Christus in Mesopotamien gab. Siehe dazu auch den geschichtlichen Abriss im Buch "Sunlight point" der Autorin dieses Artikels oder verschiedene Herstellungsverfahren in "Tiaré? Entrez!". Kombiniert mit modernen Technologien wurden neue Funktionalitäten für Glas ins Leben gerufen. Man denke beispielsweise an die solare Energiegewinnung bei gleichzeitigem Sichtschutz. Oder an das seit wenigen Jahren verfügbare Glasherstellungsverfahren per 3D Druck. Wie dies funktioniert wird schon im nächsten Abschnitt kurz erklärt. Bei dem hier exemplarisch dargestellten Glasherstellungsverfahren handelt es sich um das als G3DP bezeichnete, von Forschern am Massachusetts Institute of Technology (MIT) für einen 3D Drucker entwickelte Verfahren. Dazu wird zunächst in einem Schmelztiegel auf über 1000 Grad erhitztes Glas in eine Keramikkammer gegeben, das dann mittels einer beheizten Düse in eine zweite Keramikkammer läuft. In letzterer mit einer Temperatur von über 550 Grad Celsius ist die Druckplattform integriert, mit der die Glasprodukte geschaffen werden. Nachdem sie bei Raumtemperatur abgekühlt sind, können sie manuell nachbearbeitet werden.

Eine interessante Entwicklung sind "Smarte Gläser". Dabei werden auf der inneren Scheibenoberfläche Leuchtdioden montiert, die kabellos durch zweiseitige am Rand verlaufende Kontaktstreifen mit Strom versorgt werden. Der geringe Stromverbrauch und die effiziente Lichtverteilung machen sie neben der geringen Wärmeerzeugung attraktiv. Die angebrachte Gleichspannung lenkt den Lichtdurchlass des Glases, während Elektro- und thermochrome Stoffe den Energiedurchlass mittels Temperaturanpassung leiten. Für unterschiedliche Transparenzgrade bieten sich "Light Christal Beschichtungen" an, die man auf der Innenseite der Scheiben anbringen kann, um sie dann entsprechend zu steuern. Der bereits indirekt angesprochene Umweltgedanke wird nachfolgend weiter erörtert werden.

Glas und Umwelt? Da kommt der Gedanke an recyclebarem Glas auf. Der landläufigen Meinung zufolge ist Glas zu 100% recyclebar. Dies trifft für viele Glasgegenstände des alltäglichen Gebrauches nicht zu, was u.a. mit den unterschiedlichen Glasrezepturen zusammenhängt. Wer sich für Glas in unzähligen Varianten, unterschiedlichen Sichtweisen und Techniken interessiert, ist im multifunktionalen Shanghai Museum of Glass bestens aufgehoben. Passenderweise befindet es sich auf dem ehemaligen Gelände einer Glasfabrik. Aktuelle und zukünftige Glasinnovationen stellt auch das neue, bilinguale (deutsch/englisch) Buch der Autorin dieses Artikels "fougère, verre..." vor. https://www.brainguide.de/Marion-Wolters#publikationen

KARRIERE

Schreibwerkstatt Teil I

Emmanuelle Charpentier und Jennifer Doudna gewannen im Oktober 2020 den Nobelpreis für Chemie. Beide forschen seit Jahren zum Thema Genome Editing (CRISPR/CAS9). Mehr dazu im Artikel "Genome Editing" der Autorin auf dieser Plattform in dieser Rubrik. Wie entstand dieser Artikel, der im Buch „Journalismus in der digitalen Verbreitung" erschien? Wie entstehen generell Artikel und wie lassen sie sich einordnen?

Bei der Auswahl des Themas stößt man zufällig auf ein zukunftsweisendes Thema wie Genome Editing. Wie ist die derzeitige kollektive Wahrnehmung hierzu? Wer sind die Hauptakteure? Das bedeutet sich an ein bereits zu einem anderen Thema geführtes Interview mit dem Max-Planck-Institut zu erinnern. Auch an einen Besuch im Metropol in Brüssel, wo die Solvey Konferenz mit Marie Curie, der ersten Frau, die einen Nobelpreis für Chemie erhielt, stattfand. Später folgte ein Laborbesuch in einem der führenden Biotechnologieunternehmen Deutschlands. Dort wurden die fachlichen Grundlagen erklärt und mittels der technischen Geräte auf eindrucksvolle Weise demonstriert. So wurden aus rein theoretischen Fakten reale Experimente, die in eigenen Erfahrungen mündeten.
Inwieweit lässt sich ein Gesprächspartner auf die vorbereiteten Fragen ein? Es ergeben sich zumeist unerwartete Momente und Elemente, die es vorübergehend einzuordnen gilt. Wichtig ist, die richtigen Worte zu wählen, damit die gestellten Fragen beantwortet werden. Es hilft, sehr aufmerksam zuzuhören um herauszufinden, wo der Gesprächspartner steht. Welches Gefühl gibt er mir mit seinen Worten und welche Themen lässt er komplett weg? Frage ich nach oder lasse ich die Informationen erst einmal stehen, um zu einem späteren Zeitpunkt noch einmal darauf zurück zu kommen? Welche emotionale Wahrheit

vermittelt mir das Unternehmen, in dem ich gerade das Interview führe?

Jetzt liegt das Interview- und Recherchematerial vieler Stunden vor. Das ein oder andere ist noch unklar und wird durch weitere Recherchen deutlich. Wie beeinflussen die neuen Erkenntnisse den bereits begonnenen kreativen Schreibprozess? Je nach Art des Artikels kann ein ungewöhnlicher Einstieg dem Leser das Thema unmittelbar nahebringen. Welche Informationen lassen den Artikel zu dem Artikel werden, der er dann wird? Was bleibt von der ursprünglichen Idee, die man für diesen Artikel hatte, noch übrig? Jenseits der Stereotypen filtert man die Daten heraus, die dem Artikel eine neue Facette geben.

Welche Tonalität wähle ich um was zu erreichen? Ein aufrüttelnder, zur Handlung aufrufender Artikel wird anders geschrieben als ein Fachartikel über ein Forschungsthema. Ein poetischer Ansatz kann eine Story hoffnungsvoll beenden. Präsentiere ich verschiedene Informationen, Absatz für Absatz? Wie vielen Argumentationsansätzen biete ich in den begrenzten Zeilen ein Forum? Zum Schluss noch eine Frage und ein Satz mit einem Punkt: interpretiere ich die Welt für den Leser oder biete ich einen Artikel als geschützten Raum in einem öffentlichen Format an, das durch die Diversität seiner Informationen besticht? Ein Paradoxon, das zur Meinungsbildung beiträgt und Orientierung vermitteln mag, die sich die Lesenden durch eigenes Nachdenken selbst geben können.https://www.brainguide.de/Marion-Wolters#publikationen

PSYCHOLOGIE

Experimente an vergessenen Orten

Palmen umgeben einen kristallklaren Fluss, der von einem Berg fließend ins Meer mündet. Am Strand trommelt eine internationale Gruppe von Rastafaries und singt Lieder bekannter und unbekannter Reggaegruppen. Ein abgelegener, schwer zugänglicher Ort, der nur Insidern bekannt ist. An den man nur gelangt, wenn man den steilen Abhang ohne Trampelpfad unfallfrei schafft. Am unberührten Strand trifft man auf eine in sich stimmige Szene. Doch wieso steht dort eine alte, offensichtlich seit Jahrzehnten nicht mehr genutzte Kapelle?

Man kennt diese Geschichte in ihren zahlreichen Varianten, weil sie Teil der eigenen Geschichte sind. Die vergessenen Objekte, die man gerne an einzigartigen und in gewisser Weise auch eigenartigen Orten betrachtet. Vielleicht hat man die historische Seite schon beleuchtet, die geologischen Fakten eruiert. Jetzt gilt es, das Messbare mit dem Unerlässlichen zu verbinden. In Beziehung zu treten mit dem weniger Fassbaren. Der Faszination des Verfallenen und des Verfalls im Allgemeinen. Oder man vermisst die Perfektion des Ortes und ergänzt die fehlenden Dinge im Geiste, inhaliert die Atmosphäre mit allen zur Verfügung stehenden Sinnen.
Welche Tiere sind an diesem Ort? Gibt es exotische Exemplare wie metallisch blau oder grün schillernde Käfer? Welche kleinen und großen Pflanzen prägen die Szenerie? Welche Töne, Geräusche, Düfte sind wahrnehmbar? Wie ist das Licht? Was dominiert, was hält sich zurück? Wie schaffen all die messbaren und unfassbaren Kriterien eine Atmosphäre? Wie würde man diese einem fremden Menschen vermitteln? Wäre sie mit Worten zu transferieren oder müsste man anders agieren? Für wen wäre dieser Ort aus welchen Gründen eine wichtige Bereicherung? Oder sollte dessen Existenz besser nicht

kommuniziert werden, um dem Ort auch weiterhin ein ungestörtes Dasein zu ermöglichen?

Ungestörtes Dasein in der Stille, die über den vergangenen Ereignissen des Ortes liegt. Man könnte sich vorstellen, dass man sich in der Zukunft befindet. Wie möchte man, dass sich dieser Ort entwickelt hat? Was könnte in beispielsweise hundert Jahren alles an diesem Ort geschehen sein? Vielleicht sind diese Gedankenspiele lustig. So anregend, dass man es nicht dabei belassen möchte und aktiv in die Geschichte des Ortes eingreifen möchte. Man beginnt schon, einen detaillierten Plan zu entwerfen und ist bereit, die eigene Zeit, Finanzkraft und Expertise zu investieren.

Manche Menschen sind weniger leicht für die praktische Umsetzungen eigener Ideen zu begeistern, sondern mehr an einer psychologischen Deutung interessiert. Wie könnte diese aussehen? Man könnte sich einen vergessenen Ort als einen Platz vorstellen, der Teil einer inneren Landschaft ist. Wie sieht diese Landschaft zu verschiedenen Zeiten des eigenen Lebens aus? Welche vergessenen Orte gilt es aus welchen Gründen wieder ein oder mehrmals zu besuchen? Welche Gefühle aktiviert ein solcher Besuch? Welche Fähigkeiten und Erkenntnisse ermöglicht er mir? Vielleicht wächst die Freude, die innere Landschaft komplett zu verändern. Wer Spaß an psychologisch/philosophischen Experimenten an vergessenen Orten hat, dem sei das nachfolgende Buch empfohlen: https://www.bod.de/buchshop/seinsqualitaet-marion-wolters-9783755712091

Wie hoch ist der emotionale Gehalt Ihrer Erwartungen?

Haben Sie Ihre Erwartungen auf ihren emotionalen Gehalt überprüft? Dieser Artikel untersucht die derzeitige allgemeine Erwartungshaltung im globalen beruflichen Umfeld und vergleicht sie mit der privaten Erwartungskultur. Die Komplexität der Anpassung an verschiedene psychosoziale Bedingtheiten wird im Kontext alternierender Strukturen gesehen. Gegebenheiten beschreiben, analysieren, sie jedoch auch zwischendurch in ihrer Emotionalität so stehen lassen zu können wie sie sind ohne sie zu kritisieren, ist der Anspruch.

In beruflichen Umfeldern, die sich durch stabile Strukturen auszeichnen, sind die Rollen meist sehr klar definiert. Die dadurch entstehende äußere Sicherheit spiegelt sich in der klaren Abgrenzung des Individuums gegenüber seiner Umwelt wider. Gleichzeitig droht Erstarrung durch mangelnde Freiheit und Ausdrucksmöglichkeiten. Eine bessere Gleichgewichtung der einzelnen Kriterien wäre der beruflichen und persönlichen Entwicklung des Individuums dienlicher. Lockert man die Strukturen und löst sie teilweise auf, verändert sich die psychoemotionale Situation. Das Individuum wird angreifbarer und verletzlicher. Es gilt jetzt Stabilität bei gleichzeitiger Aufrechterhaltung der erreichten Vorteile zu erlangen.

Es gibt viele Menschen, die sich permanent in sich verändernden Berufsanforderungen befinden. Die sich neu erfinden müssen, um für Kunden attraktiv zu bleiben. Die ihre eigene Verletzlichkeit einer nach außen getragenen Stärke weichen lassen und sie nur sehr selten durchblitzen lassen können. Dies muss kein Nachteil sein, es ist nur eine Option. Eine Option, die eine größere Wahrscheinlichkeit in einer caring culture mit emotionalem Leadership erhält. Ist Emotionalität auch nur eine Erwartung, die einen anders gearteten Leistungsindikator definiert oder dient sie dazu Rollen zu definieren und Identitäten zu schaffen?

Es gibt Stimmen, die den heutigen Arbeitnehmern eine "All inclusive" Mentalität unterstellen, weil sie erwarten, dass sich das Unternehmen um ihre physische und mentale Gesundheit, Kitas, Altenbetreuung etc. zu kümmern hat. John F. Kennedy sagte bei seiner Amstantrittsrede: "Fragt nicht, was euer Land für euch tun kann - fragt, was ihr für euer Land tun könnt." Gibt es ein unternehmerisches Denken, das fragt, was man für das Unternehmen tun kann und nicht, was das Unternehmen dem Arbeitgeber gibt? Erwartungen - sind sie seitens der Arbeitnehmer und Arbeitgeber rasant gestiegen?

Der gerade gelesene Text dient der Provokation. Die dabei entstandenen Emotionen mögen einfach stehen gelassen werden. Ist das möglich? Wie hoch ist der emotionale Gehalt Ihrer Erwartungen? Welche Erwartungskultur hat sich/haben Sie in Ihrem privaten Bereich entwickelt und etabliert? Die Ansprüche an einen perfekten Ausgleich zum Alltag haben sich auf vielfältige Weise erweitert. Die Lust auf Abenteuer wird nicht zuletzt auch durch digitale Geräte erfüllt. Wenn Sie Interesse haben, anders geartete Texte (Welche rationalen Erwartungen entstehen jetzt in Ihnen, statt der Formulierung "werden in Ihnen geweckt"?) auf ihren/Ihren emotionalen Gehalt zu überprüfen, sei Ihnen das auch digital erhältliche Buch "fougère, verre..." der Autorin dieses Artikels empfohlen: https://www.brainguide.de/fougere-verre

Wildes Schwimmen, wilde Gedanken?

Wildes Schwimmen, "wild swimming" oder "open water swimming" wie es die Engländer nennen bedeutet, in einem naturbelassenen Gewässer seine Bahnen zu ziehen. Welche Geisteshaltung dahinter steckt, welche Auswirkungen es auf die seelische und körperliche Gesundheit des Menschen haben kann, wird im nachfolgenden Artikel untersucht. Inwieweit wildes Schwimmen das eigene Denken zu verändern vermag, lässt sich im Kontext des verbindenden Elementes Wasser erahnen.

Vor einigen Jahrzehnten schwammen die Menschen noch in den benachbarten Seen. Mittlerweile sind aus vielen Baggerseen Freizeitparadiese geworden, die mit Rutschen, Surfanlagen, Imbissen mit Sitzgelegenheiten sowie wahlweise Pommes mit Currywurst oder vegetarischen Gerichten ausgestattet sind. Eine sichere, saubere, durchorganisierte Welt mit regelmäßig geprüfter Wasserqualität, für die man gerne den nahezu jährlich erhöhten Eintritt zahlt. Ähnlich durchorganisiert wie die täglichen, wöchentlichen, monatlichen, jährlichen Routinen der Arbeit, des Haushalts, etc. Was manchen Menschen notwendige und willkommene Stützen des Lebens sind, bedeutet für andere Zeitgenossen Langeweile, vielleicht sogar Überdruss - auch wenn sie generell sehr dankbar sind für das, was sie haben und es niemals ändern würden.

Wildes Schwimmen besticht durch die Unmittelbarkeit des Erlebens, es ist ein einfaches Vergnügen. Keine romantische Verklärung von Dichtern, Naturschwärmern, Künstlern? Keine Mode von saturierten Menschen der Mittel- und Oberschicht, die der Zivilisation für ein paar Stunden entfliehen wollen? Die mit Waldbaden und wildem Schwimmen die Rollen ablegen wollen, die sie zumeist sehr schwer errungen haben? Um die damit verbundenen Hierarchien, Druck und Erwartungen Dritter zu vergessen? Hinzu kommt, dass sie beim Schwimmen ihre Kleidung ablegen, bevor sie ins Wasser gehen. Sind im Wasser somit alle gleich? Wirklichkeit oder Schein(demokratie)? In jedem Fall ist es ein Experiment, das man in natürlichen Gewässern auf allen Kontinenten der Erde machen kann.

Ist wildes Schwimmen eine Art Escape Room im Außenbereich? Ein Abenteuerspiel für digital Überreizte? Permanent ist man Gefahren ausgeliefert, auch wenn man sie vorher erkundet hat. Sich der Gefahr des Auskühlens bewusst ist, sich nicht länger als 15 Minuten im kalten Wasser aufhält. Einen Tauchanzug trägt, wenn der Aufenthalt länger dauern soll. Die Umgebung vorher erforscht, besser kennenlernt, Nahestehende über den Ausflug informiert, die Brutzeit der Vögel, andere Besonderheiten der Natur berücksichtigt. Wie sieht es aus gesundheitlicher Sicht aus? Ein regelmäßiger Sprung ins kalte Wasser soll Depressionen heilen. Das regelmäßige Schwimmen im kalten Wasser wirkt entzündungshemmend und verringert Stresshormone. Es verursacht das "post swim high", d.h. Glücksgefühle nach dem Schwimmen.

Was verändert wildes Schwimmen? Es geht um das Ausbrechen, Regeln brechen, Brechen mit dem Status Quo. Es geht darum, einen Zugang zu einer Welt zu bekommen, die voller Schönheit ist. Es gibt keine Garantie, dass man diesen Zugang als digitaler Mensch erhält, sie somit weiterhin langweilig findet. Eine ursprüngliche Natur ermöglicht vielleicht mit der Zeit einen unverstellten Blick, neue wilde und milde Gedanken für die eigene Lebenswirklichkeit, so die Hoffnung. Es ist die Sehnsucht nach der Einheit mit der Welt, die - wie es beschrieben wird - die Distanz zwischen Individuum und Umgebung aufhebt. Verständnis und Verstehen. Aufnahme und Annahme im Wasser.

Eingehen und Eintauchen in ein Mysterium. Magie.
https://www.brainguide.de/Marion-Wolters/publikationen

Ihr sprachlicher Fingerabdruck

Vielleicht gehören Sie zu den mehr als sehr reichen Menschen, die immer in den angesagtesten Clubs und auch sonst überall in der ersten Reihe sitzen können. Es dennoch vorziehen, auf einer Treppe irgendwo im Gebäude zu sitzen. In letzter Zeit erhalten Sie sehr gut geschriebene Texte und höchst individuelle Geschenke, ohne auch nur den Hauch einer Ahnung zu haben, von wem all dies sein könnte. Wie finden Sie es heraus?

In jedem Fall ist es jemand, der - wie Sie - in keine Schublade passt. Jemand, der Ihnen ein angenehmes Gefühl gibt, ohne die dahinterstehende Intention preiszugeben. Sie sitzen auf einem Teppich in einem Ihrer großzügig bemessenen Räume. Alle Geschenke und Texte liegen verstreut um Sie herum. Glücklicherweise sind Sie nicht nur sehr reich, sondern auch Sprachprofiler. Nicht Sprachprofilerin? Nein, Sprachprofiler, generisches Maskulinum. Soweit ein kleiner Ausflug in die Semantik, in die Sprachwelt, durch die Sie die Welt erleben können und die Ihnen die Welt erfahrbar machen kann. Musiker nehmen die Welt vornehmlich durch Töne, Geräusche, Klänge wahr. Bemerken Sounds, die andere Menschen gar nicht kombinieren und auf diese Weise komponieren würden. Sprachlich orientierte Menschen fokussieren sich naturgemäß auf die Sprache in ihrer Umgebung. Sie agieren analytisch, detailversessen. Hören genau zu, beobachten, wie jemand ein Wort artikuliert. Sie finden z. B. durch die Mundbewegungen während des Sprechens heraus, dass jemand spanischer Muttersprachler ist, obwohl er akzentfrei Deutsch spricht. Es ist schwer, einen Sprachexperten zu täuschen, der sehr viele Kriterien und Berufserfahrung anwendet, um ein Schriftstück eindeutig einer Person zuweisen zu können.

Das Papier der um Sie herum liegenden Texte ist höchst unterschiedlich und fällt somit als Hinweisgeber aus. Unauffällige Computerausdrucke, deren Herkunft nicht zu identifizieren ist. Jetzt schauen Sie sich die Sätze an. Durchgehend kurze Hauptsätze wechseln sich mit komplexen Bandwurmsätzen ab. Psychologisch betrachtet könnte dies auf einen analytisch denkenden Macher hinweisen. Nebenbei schauen Sie sich die Gefühlslage des Absenders an. Was offenbart sie Ihnen? Sie gehen die Texte auf Grammatik- und Rechtschreibfehler durch. Fehlanzeige. Sie schauen sich das Bildungsniveau an und finden viele Wörter, die aus dem Altgriechischen und Lateinischen stammen, finden in den Metaphern weitere Hinweise, die auf eine Person mit klassischer Bildung stammen.

Jetzt sind Sie mitten in der Arbeit. Das Handy klingelt, an der Haustür ist jemand, eigentlich hätten Sie heute etwas ganz anderes vor... Doch all das kann warten. Jetzt, wo Sie den Autor der Texte schon so weit eingezingelt haben. Oder doch nicht? Ein uneinheitlicher Stil paart sich mit sorgfältigen Formulierungen. Will jemand Verwirrung stiften und von sich ablenken? Jemand, der sich gut auskennt, bewusst auf Regionalismen, Jugendsprache (die auf das Alter des Absenders hinweist) und englische Fremdwörter verzichtet oder ist dies einfach nicht der Stil des Absenders? Welchen sprachlichen Fingerabdruck haben Sie für Ihren Absender bis hierhin definiert?

Gibt es einen sprachlichen Fingerabdruck überhaupt? Ist es nicht eher so, dass Sprache etwas Fluides ist, sich dem Umfeld anpasst und von diesem auch geprägt wird? Dass u.a. wechselnde Interessen und Lebensnotwendigkeiten mit dazu beitragen, einen sprachlichen Fingerabdruck zu verhindern? Dennoch bildet sich bei jedem Menschen im Laufe der ersten Lebensjahre so etwas wie eine grundlegende sprachliche Identität heraus, wenngleich der Begriff "Fingerabdruck" nicht zutrifft. Sprachliche Charakteristika, die nicht nur Ihnen Nahestehenden sofort auffallen. Sie haben Ihren Absender und dessen Intention schon mit Erstaunen identifiziert. Wenn Sie sich für Sprache interessieren und herausfinden möchten, wie man die Begrenztheit von Konnotationen überwinden kann, lesen Sie "Bleuciel de Sagesse" https://www.bod.de/buchshop/bleuciel-de-sagesse-marion-wolters-9783752649000

Schmetterlingshafte Adaptionen des Weltbürgers

Menschen, die als Weltbürger ihr Leben künstlerisch interpretieren, überlegen vor jedem Wechsel, den sie anstreben, wie sie ihre neue Rolle interpretieren könnten. Der Spaß am Wechsel-Wandelspiel und die Vorfreude auf die überraschenden Begegnungen und Situationen lassen diese Menschen auch erahnen, wie spannend die dann später gelebte Wirklichkeit tatsächlich sein wird. Schmetterlingshafte Adaptionen ermöglichen ein tiefgründiges, sinnenreiches Erleben der jeweiligen Kunstfigur.

Weltbürger arbeiten in ihren jeweiligen Berufen überall auf der Welt. Sie sind interkulturell bewandert, ihr Sicherheitsdenken ist nicht sehr ausgeprägt. Für sie ist Leben sehr viel mehr als nur Überleben. Sie wollen ihre Lebendigkeit mit allen ihnen zur Verfügung stehenden Mitteln spüren. Alles, was möglich ist, in seiner Gänze ausschöpfen. "Wie viele Leben kann ich in einem Leben leben?", fragen sie sich. Neugierig und experimentierfreudig zeichnen sie mit zwei oder drei Gedanken beispielsweise eine amüsante, ein wenig entrückte Szenerie, die der libertären Eleganz der Eloquenz nahezukommen scheint.

Anders interpretiert verleiht sie der neuen Kunstfigur eine Exklusivität, die sich in einem enthemmten Exzentrismus ebenso wie in einem staatsbürgerlichen Rahmen ausleben ließe. Weltbürger kennen die Events auf der ganzen Welt. Wie Schmetterlinge von Blume zu Blume fliegen, reisen sie von Ort zu Ort. Bereichern und befruchten die Menschen dort, wirken als Entwicklungshelfer. Sie adaptieren die notwendigen Verhaltensweisen, lassen sich von ihnen beeinflussen, mischen sie, geben sie weiter. Ebenso sind sie mit dem Mixen verschiedener Kunstrichtungen vertraut, die ihnen bei der Schaffung einer neuen Rolle, eines neuen Lebens helfen.

Sie stellen sich ein Musiklabor vor, indem man die Eigenschaften von Musikstilen sezieren kann. So schleudern sie, geben Substanzen hinzu, säubern sie, extrahieren die Essenz. Um diese Essenzen dann unterschiedlich zu kombinieren und in die jeweiligen Lebensbereiche der neuen Kunstfigur zu integrieren. Ein faszinierendes Experiment, das auch mit der Kunstform Tanz durchgeführt werden kann. Die Weltbürger hören einen neuen Musikstil, tanzen dazu. Wie fühlt sich das an? Individualistisch, elitär, eigenwillig, mitreißend, improvisatorisch? Welche der Eigenschaften könnten für das neue Leben in abgewandelter, neu interpretierter Form genutzt werden?

Interessant ist es für diese Menschen auch, gleichzeitig laufende Musikstücke verschiedener Musikrichtungen tanzend zu erleben. Sich von der Musik so durchschütteln zu lassen, dass alles von einem abfällt. Inspiriert zu werden. Könnte man diese Wirkkraft auch auf andere Kunstrichtungen übertragen? Wie würde sich diese Vorgehensweise auf literarische Texte auswirken? Wären Sprache und Inhalt dann noch verständlich? Wie könnte so ein Text aussehen? All diese Fragestellungen gingen in die Kunstfigur mit dem gleichnamigen Buchtitel "Bleuciel de Sagesse" ein. Der Haupttext ist ein Gedicht, das Eigenschaften aus Punk und Jazz verbindet. https://www.bod.de/buchshop/bleuciel-de-sagesse-marion-wolters-9783752649000

Tanzbare Texte

Wenn der Körper als Rahmen für das Bild dient, das die Wörter zeichnen, entsteht durch Textimpulse so nach und nach ein Gedicht, ein Einführungstext, eine Glosse. Viele Megastars der Musikszene haben bei Pantomimenlehrer gelernt und ein Massenpublikum erreicht. Dieser Artikel beschäftigt sich nicht mit der darstellenden Kunst der Pantomime. Wenn der Körper als ein faszinierender Rahmen dient für das Bild, das die Wörter zeichnen...

An einem Sommermorgen streicht ein Windhauch durch das geöffnete Fenster des Tanzstudios über Ihren Körper, gibt ihm eine Information. Wie wird sie umgesetzt? Kann sich die Information mühelos ihren Weg durch Ihren Körper suchen? Vielleicht haben Sie wie die Autorin dieses Artikels tanzbare Texte geschrieben https://www.amazon.de/Sunlight-point-Sonnenlichtpunkt-Marion-Wolters/dp/3748159358 und suchen nach Wegen, diese physisch auf unterschiedliche Weise auszudrücken. Sie experimentieren mit verschiedenen Übergangsvarianten vom Spagat in eine Standposition und erfinden nebenbei eine neue Sportart https://www.amazon.de/Parcourlet-Marion-Wolters/dp/3743163403 Texte, die jetzt nicht mehr nur digital oder auf Papier sichtbar sind, sondern in eine fühlbare Sprache übersetzt werden.

Als Gedanke, mit dem man spielen kann, nehmen wir für diesen Artikel einmal an, dass die Wörter und Textimpulse ihre Darstellungen formen. Wie präsentiert sich der Text selbst, wenn Sie ihn sich einfach ausdrücken lassen? Nutzt er Axis Syllabus oder lieber Hip Hop? Entscheidet er sich für einen Jazzgesang während er einen Jazz Dance wählt? Es kann auch ein

Sprechgesang sein, ein harter Rap oder eine lyrische Variante. Sie sehen aus einem fahrenden Zug heraus ein aufgespraytes Bild und überlegen, wie man tanzbare Texte derart umsetzen würde. Wie würden sie als Dessert aussehen?

Nur eine verrückte Idee, ein Spaß, ein Spiel? Ist es das nicht immer, wenn man den eigenen Rahmen der Erziehung, ideologischen Festlegungen, gesellschaftlichen Definitionen wegnimmt? Eine Reise in ein unbekanntes Terrain mit unbestimmtem Ausgang. Ein interessantes Vergnügen, das möglicherweise zahlreiche Erkenntnisse zutage fördert. In gewisser Weise sicher, da man die Regeln selbst bestimmt. Doch man kann auch ein Risiko eingehen. Einen Text nacheinander in verschiedenen Ausdrucksformen präsentieren. Ihn als Theaterausschnitt inszenieren und ihm Arme, Beine, ein Gesicht und Gewicht geben. Man beobachtet die Reaktion des Publikums, bezieht sie ein.

Wie reagiert es, wenn der gleiche Text gesungen wird? Lässt es sich mehr auf den Inhalt ein, überträgt ihn auf den eigenen Körper, singt mit, bewegt sich, applaudiert, möchte gerne selbst als performing artist auf der Bühne agieren? Vielleicht gehören Sie zu denen, die die eigenen Aktivitäten als ein permanentes, kreatives Spielfeld für innovative, experimentelle Dienstleistungen und Produkte ansehen. Zu denen, die zwischendurch unkommerzielle Wege gehen. Die die Grenzen der Wirtschaftlichkeit und des Pragmatismus erweitern. Um auch andere Bereiche der Persönlichkeit zu erreichen und auszubilden. Um dorthin zu gelangen, wo Tiefe und Leichtigkeit ein Paar bilden.

Dolmetsch- und Übersetzungsdienst
Marion Wolters
Geprüfte Dolmetscherin Englisch

+++ Wirtschaft +++ Politik +++ Medien
+++ Energie +++ Literatur +++

VOM GLEICHEN AUTOR
DU MÊME AUTEUR
BY THE SAME AUTHOR

Allegoria Allegria, 2012
hermetische Texte, textes hermétique, hermetic texts

Comme Schönheit influences la paz, 2015
experimentelle Texte, textes expérimentaux, experimental
texts

Comme Schönheit influences la paz – Arbeitsbuch, 2015
manuel, working book

Interspaceinterestinterface, 2016
surrealistische Texte, textes surréaliste, surrealistic texts

parcourlet, 2017
Erfindung einer neuen Sportart, invention d'un nouveau sport,
invention of a new sport

Tiaré? Entrez!, 2018
physikalische/chemische Themen, thèmes
physiques/chimiques, physical/chemical topics

Sunlight point, 2019
ontologische/tanzbare Texte, texte ontologiques/dansant,
ontological/danceable texts

apercevoir et sourire, 2019
Recherchen, recherché, investigations

Journalismus in der digitalen Verbreitung, 2019
journalistische Texte, textes journalistiques, journalistic texts

Fougère, verre…, 2020
biologische Themen, thèmes biologiques, biological topics

Bleuciel de Sagesse, 2021
Konnotationsvertonungen durch eine Sprachkomponistin
Connotation settings by a language composer
Sonorisation de la connotation par un compositeur de langage
Configuración de connotación por un compositor de idiomas

Emotions create a new understanding menting thoughts while
standing on a future bridge, 2021
Poems, Gedichte, poèmes, poems

Seinsqualitäten, 2022
Ein heiteres, philosophisches Theaterstück in drei Akten und
zwei Sprachen
A light-hearted, philosophical theatrical play in three acts and
two languages

Portrait, 2022
Künsterportrait/artist portrait
bilingual: Deutsch/English

Musical Immediacy, 2022
bilingual: Deutsch/English